AF257785

PIERRE BATIFFOL

LES MANUSCRITS GRECS DE LOLLINO

ÉVÊQUE DE BELLUNE.

RECHERCHES POUR SERVIR À L'HISTOIRE DE LA VATICANE

Extrait des MÉLANGES D'ARCHÉOLOGIE ET D'HISTOIRE
publiés par l'École française de Rome, t. IX.

ROME
IMPRIMERIE DE LA PAIX, PHILIPPE CUGGIANI
Piazza della Pace, 35.
1889

XXXI. Le culte de Castor et Pollux en Italie, par M. Maurice ALBERT.

XXXII. Les Archives de la Bibliothèque et le Trésor de l'Ordre de Saint-Jean-de-Jérusalem, à Malte, par M. DELAVILLE LE ROULX.

XXXIII. Histoire du culte des Divinités d'Alexandrie, par M. G. LAFAYE.

XXXIV. Terracine, par M. R. DE LA BLANCHÈRE.

XXXV. Francesco da Barberino et la littérature provençale en Italie au moyen-âge, par M. Antoine THOMAS.

XXXVI. Étude du dialecte chypriote moderne et médiéval, par M. Mondry BEAUDOUIN.

XXXVII. Les transformations politiques de l'Italie sous les empereurs romains, par M. Camille JULLIAN.

XXXVIII. La vie municipale en Attique, par M. B. HAUSSOULLIER.

XXXIX. Les figures criophores dans l'art grec, l'art gréco-romain et l'art chrétien, par M. A. VEYRIES.

XL. Les ligues étolienne et achéenne, par M. M. DUBOIS.

XLI. Les stratèges athéniens, par M. HAUVETTE BESNAULT.

XLII. Étude sur l'histoire des sarcophages chrétiens, par M. R. GROUSSET.

XLIII. La librairie des Papes d'Avignon, par M. Maurice FAUCON, T. I.

XLIV et XLV. La France en Orient au XIVe siècle, par M. DELAVILLE LE ROULX, 2 volumes.

XLVI. Les Archives Angevines de Naples, par M. Paul DURRIEU, T. I.

XLVII. Les Cavaliers athéniens, par M. Albert MARTIN.

XLVIII. La bibliothèque du Vatican au XVe siècle, par MM. Eugène MÜNTZ et Paul FABRE.

XLIX. Les Archives de l'Intendance sacrée à Délos, par M. Th. HOMOLLE.

L. La Librairie des Papes d'Avignon, par M. Maurice FAUCON, T. II.

LI. Les Archives Angevines de Naples, par M. Paul DURRIEU, T. II.

LII. Le sénat romain depuis Dioclétien, à Rome et à Constantinople, par M. Ch. LÉCRIVAIN.

LIII. Études sur l'administration byzantine dans l'exarchat de Ravenne, par M. Ch. DIEHL.

LIV. Lettres inédites de Michel Apostolis, éd. par M. NOIRET.

LV. Études d'archéologie byzantine. L'Église et les mosaïques du couvent de Saint-Luc en Phocide, par M. Ch. DIEHL.

LVI. Documents inédits pour servir à l'histoire de la domination vénitienne en Crète de 1380 à 1485, éd. par M. NOIRET.

SECONDE SÉRIE — Format grand in-4°.

Ouvrage terminé: La Nécropole de Myrina, par MM. Edmond POTTIER et Salomon REINACH, 2 vol. in-4°. — *En cours de publication:* Les Registres d'Innocent IV, par M. Élie BERGER. — Les Registres de Benoît XI, par M. Charles GRANDJEAN. — Les Registres de Boniface VIII, par MM. THOMAS, FAUCON et DIGARD. — Le *Liber Pontificalis*, par M. l'abbé L. DUCHESNE. — Les Registres de Nicolas IV, par M. Ernest LANGLOIS. — Les Registres d'Honorius IV, par M. Maurice PROU. — *Sous presse:* Le *Liber Censuum* de Cencius Camerarius, par M. Paul FABRE. — Les Registres de Grégoire IX, par M. Lucien AUVRAY.

Mélanges d'archéologie et d'histoire, publiés par l'École française de Rome.
Bulletin de correspondance hellénique, publié par l'École française d'Athènes.

PIERRE BATIFFOL

LES MANUSCRITS GRECS DE LOLLINO

ÉVÊQUE DE BELLUNE.

RECHERCHES POUR SERVIR A L'HISTOIRE DE LA VATICANE

Extrait des MÉLANGES D'ARCHÉOLOGIE ET D'HISTOIRE
publiés par l'École française de Rome, t. IX.

ROME
IMPRIMERIE DE LA PAIX, PHILIPPE CUGGIANI
Piazza della Pace, 35.
1889

LES MANUSCRITS GRECS DE LOLLINO
ÉVÊQUE DE BELLUNE.

RECHERCHES POUR SERVIR A L'HISTOIRE DE LA VATICANE.

On pourra consulter sur Alvise Lollino, évêque de Bellune (1547-1626), la notice que lui a consacrée Ughelli dans l'*Italia Sacra* (V, 197, édit. de 1653) ; une biographie inédite, malheureusement incomplète, dans un manuscrit de la bibliothèque Barberini (LVI, 68, fol. 79 et suiv.), où l'on trouvera des détails intéressants sur ses études et sur ses relations ; ses *Epistolae miscellaneae* (1), publication posthume d'un choix de lettres d'une latinité élégante, un peu maniérée, adressées à quelques amis illustres, Baronius, Henri Dupuy, Jérôme Aleandro, Marc Velser, Bellarmin, Barocci, Maffeo Barberini (plus tard Urbain VIII), et d'autres. Si nous ajoutons à cette littérature quelques discours de lui : *De malo incredulitatis*, *De juventutis cura*, *De non properandâ manuum impositione*, etc., quelques *carmina* : *De S. Maria Magdalena*, *Noctua*, etc., les *Lacrymae in funere Andreae Mauroceni*, imprimées à Pavie en 1619, enfin une traduction latine de l'Isagogue d'Adrien, *Africani seu Adriani introductio in Scripturam Sacram e graeco latine reddita* (2), imprimée seulement en 1630, et, sur la foi d'Ughelli, des *Philologicas disceptationes* qui n'ont pas vu le jour, nous aurons énuméré les titres littéraires de ce prélat patricien et humaniste de l'arrière-Renaissance.

---

(1) *Aloysii Lollini patritii veneti et Belluni antistitis Epistolae miscellaneae*, Belluno, 1641.

(2) *Aloysii Lollini patritii veneti Bellunensium antistitis Episcoporum curarum characteres*, Belluno, 1640. Cf. Goessling, *Adrians Isagoge*, p. 5-6.

Il n'y aurait pas là de quoi parler de lui aujourd'hui, si on ne lui devait pas une riche collection de manuscrits grecs léguée au pontife son ami, Urbain VIII, et qui fait aujourd'hui partie du fonds grec de la Vaticane.

Lollino était né à Gortyne, en Crète, où sa famille, une noble et riche famille de la colonie vénitienne, était établie depuis long-temps. Il y avait demeuré jusqu'à sa dix-huitième année, où " accompagnato da tre servitori carichi d'oro „, il était venu en Italie achever ses études à l'Université de Padoue. Ses parents avaient en même temps quitté la Crète pour se fixer à Venise et y mener, comme il fit plus tard lui-même, la vie de grands seigneurs magnifiques et lettrés. Venise était encore, à la fin du XVI⁰ siècle, un bon endroit pour acquérir des manuscrits grecs. Antoine Eparque, qui avait été si longtemps comme le fournisseur officiel de la cour de Fontainebleau, de celle de l'Escurial et de celle de Rome, venait à peine d'y mourir. De plus Lollino avait dans tout le Levant vénitien des parents et des amis à son service pour acheter et faire copier. " Lollino m'a communiqué, écrivait en 1583 Jean Buonafè au cardinal Sirleto, un catalogue de livres qu'il fait copier dans le monastère de Patmos par des copistes qu'il y a envoyés de Candie. Vous savez en effet que ce gentilhomme a quelque action à Candie, étant né et ayant été élevé dans cette île; puis les commissaires du dit monastère sont des gentilshommes candiotes de ses parents „ (1). En 1617, le gouverneur vénitien de Candie était un de ses amis les plus chers, Donat Mauroceno, et au moment où, " proconsul designatus „, il s'embarquait pour Candie, Lollino lui écrivait une lettre, imitée de loin de Pline le jeune, où il recommandait à son zèle " ce pays qui avait donné le jour à Minos et à Rhadamante „ (*Epist. miscell.*, p. 28). A Candie enfin, nous le voyons faire rele-

____

(1) Buonafè à Sirleto, 8 avril 1583 (*Vatican. Lat.* 6195, fol. 120).

ver les inscriptions grecques de l'antiquité et du moyen-âge par les soins d'un de ses familiers : c'est la *Sylloge Lolliniana* de Boeckh. Il avait formé ainsi une collection d'une centaine de manuscrits grecs.

La bibliothèque de Lollino fut de bonne heure renommée. Jean-Vincent Pinello, le célèbre érudit de Padoue, Fulvio Orsini, dont M. de Nolhac a remis en lumière la docte figure, le cardinal Sirleto, le doux et laborieux ami de Marcel II, s'enquéraient avec avidité de ses acquisitions (1). Le catalogue des manuscrits de Lollino fut rédigé de bonne heure et circula. Baronius écrivait à l'évêque de Belluno : " Sero quidem, sed non adeo ut omnino effluxerit temporis opportunitas, in mentem venit observasse me inter codices graecos manu exaratos qui apud te sunt, quorumque elenchum mihi cupide requirenti iam pridem transmisisti, reperiri ducentas epistolas Nicolai patriarchae Constantinopolitani. Haec magno usui mihi forent, nunc in eorum temporum successus conscribendo incumbenti . . . (*Epist. miscell.,* p. 79) „. De ce catalogue alphabétique je crois avoir retrouvé un exemplaire dans le Vatican. Lat. 7138, qui porte ce titre : Πίναξ τῶν βιβλίων τοῦ ἐπισκόπου Ἀλωϋσίου τοῦ Λωλίνου, et qui commence par ces mots : " Ἀθανασίου ἀρχ. Ἀλεξ. βίος καὶ πολιτεία τοῦ ὁσίου καὶ θεοφόρου Ἀντωνίου τοῦ μεγάλου. *lib. 13. p.ᵃ 1* „.

Lollino mort, sa bibliothèque fut immédiatement transportée au Vatican et versée dans le fonds grec, où il serait difficile d'en reconnaître les manuscrits (car ils ont perdu leur reliure ancienne et ne portent généralement pas d'*ex libris*) si nous n'avions l'inventaire qui en fut dressé à leur arrivée au Vatican : je l'ai retrouvé dans le *Vatican. Lat.* 7762, fol. 19-31. Il a subi quelques corrections d'une seconde main, qui est peut-être celle d'Allatius ; je les ai imprimées en italiques. Quant à l'ordre, il est

____

(1) Ibid.

différent de l'ordre adopté dans le Πίναξ τῶν βιβλίων : mais l'auteur de l'inventaire a eu soin de mettre en tête de chaque titre la cote ancienne en regard de la nouvelle.

Voici cet inventaire. J'ai mis entre crochets à la suite des titres les cotes actuelles des manuscrits : ce travail d'identification était facile, l'ordre des volumes ayant à peine été modifié, et il ne sera peut-être pas sans utilité, les sept cents derniers manuscrits du fonds vatican grec ne figurant pas dans l'index alphabétique de la Vaticane. La bibliothèque de Lollino est assez considérable et assez souvent citée pour qu'il y ait quelque intérêt à la reconstituer dans son ensemble.

INDEX LIBRORUM GRAECORUM
QUOS ALOYSIUS LOLLINUS EPISCOPUS BELLUNENSIS
LEGAVIT S. D. N. URBANO VIII.

---

1 (Anc. 114). Moysis prophetae descriptio in mundi exordium cum explicatione diversorum Patrum | *Est catena diversorum Patrum in librum Geneseos* [= *Vatican. Gr.* 1683]. — **2** (113). Expositio in psalmos ex diversis Patribus, fol. 1. – Lucae evangelistae Acta Apostolorum. | *Non adest* [1685]. — **3** (112). Basilii archiepiscopi Caesariensis expositio in Isaiam [1686]. — **4** (115). Basilii metropolitae Novarum Patrarum expositio in 16 prophetas [1687]. — **5** (111). Aristotelis ethica ad Nicomachum [1689]. — **6** (107). Procopii Caesarei historiae gothicae [1690]. — **7** (108). Apollonii Rhodii Argonautica cum expositione, fol. 1. – Callimaci Cyrenei hymni, fol. 176. – Orphei Argonautica et ad Musaeum, fol. 121 [1691]. — **8** (109). S. Marci evangelium cum expositione, fol. 177 [*sic*]. –Eusebii

Pamphili in quaedam evangelii dicta, fol. 85. – Isidorii Pelusiotae de resurrectione Domini, fol. 86. – Titi episcopi Bostrorum et aliorum quorumdam interpretatio in evangelium secundum Lucam, fol. 144. – S. Joannis Chrysostomi expositio in evangelium Matthei, fol. 1. et in S. Joannem, fol. 88. – Catena in Marcum, fol. 88 [1692]. — **9** (100). Dialectica anonymi, fol. 1. – Porphyrii quinque voces, fol. 20. – Definitiones philosophiae, fol. 18. – De unione secundum ipostasim, fol. 18. – Ammonii interpretatio in quinque voces Porphyrii et in praedicamenta Aristotelis, fol. 43. – Dissertatio orthodoxi et Gaiani facta Alexandriae, fol. 76. | *Non adest.* – Michaelis Pselli paraphrasis in de Interpretatione tomi 5, fol. 160. – Scholia particularia in 40 praeter haec et in ea quae sequuntur, fol. 205. – Pediassinus expositio de syllogismo possibili, fol. 321. – Aristotelis praedicamenta de interpretatione, analytica, topica, sophistica, elenchi, fol. 215 [1693].

10 (18). Ecclesiastes cum expositione | *Gregorii Nysseni item de etymologia* [1694]. — **11** (11). Meletius monachus de natura et structura hominis [1695]. — **12** (12). Gregorius Cyprius patriarcha Constantinopolitanus epistolae, fol. 1. – Nicolai Lampeni epistolae duae, fol. 43. – Gregorii Nazianzeni | *Nysseni* epistolae, fol. 45. – Nicephorus Gregoras | *Basilaeae* ethopeia, fol. 53 [1696]. — **13** (13). Athanasii archiepiscopi Alexandrini vita S. Antonii, fol. 1. – In S. Nicolaum troparia, fol. 78. – Carmina quae dicuntur ante communionem, fol. 48. – Sermones aliquot ex scala Joannis Synaïtae, fol. 51 [1697]. — **14** (15). Heliodori ex commentariis in Paulum apologica indicatio vel apotelesmatica, et aliorum astrologorum expositionibus de figuris, triangulo et aliis, fol. 1. – Apotelesmatica de astrologia judiciaria, seu de rerum essentia ex Ægyptiorum sententia et de Cyclo zodiaci, fol. 73.– Claudii Ptolomei fructus, fol. 107. – In expositione ex Polybio de constructione machina quae vocatur Coracis, fol. 141. – De juramento Romanorum, fol. 152 [1698]. — **15** (14). Martyrium magni martyris Polieucti, fol. 1. – Arithmetica [1699]. — **16** (16). Anathematismi contra Barlaam et Acyndinum, fol. 1.– Canon synodi Laodicaeni, fol. 3.– Basilius ad Caesarium patri-

tium de Communione, fol. 3. — De peccatorum paenis, fol. 4. — S. Ti-
mothei quaesita de paenis peccatorum, fol. 12. — Tabula paschalis
annorum 30, fol. 18. — S. Joannis Damasceni de lumine, igne, stellis,
sole, luna, fol. 21. — Et alia philosophica, fol. 56. — Anastasii Antiocheni quaestiones, fol. 52. — Hippolyti Thebensi de Cognatione
B. M. Virginis, fol. 66. — S. Cyrilli Hierosolymitani de Antichristo,
fol. 48. — S. Basilii magni et Gregorii Theologi dialogus et alia de
asceticis seu monasticis, fol. 75, et 16. — Constitutiones SS. Apostolorum, fol. 76. — Maximus monachus ex capitibus de duabus naturis
D. N. Jesu Christi, fol. 78. — Compendium terminorum explanatissi-
mum, fol. 87. — Narratio in trenum Hieremiae, fol. 114. — Cognitio de
Psalmis, fol. 28. [1700] — 17 (99). Michael Psellus paraphrasis per
versus iambicos S. P. N. Cosmae Maiumae episcopi, quem ipse com-
posuit ut psalleretur in sancta et magna feria 5, fol. 1. — Gregorii
Nysseni in Gregorium Thaumaturgum Neocesariensem oratio, fol. 2.
— Amphilochii episcopi Iconiensis, Gregorii Agrigentini, S. Catharinae
martyris vitae, fol. 19. — Expositio cursus solaris, fol. 20. — S. Augustini de Gratia et libero arbitrio ad Valentinum, fol. 28. — Joannis
Tzetzae parva Ilias, fol. 68. — Georgii Scholarii de Incarnatione
filii Dei, fol. 80. — De sancta Communione, fol. 115. — Lachmete-
rium seu sortiarium, fol. 146 [1701]. — 18 (95). Mercurii Trisme-
gistri [sic] iatromathematica, seu medicomathematica, fol. 1. — Galeni
prognotica de decubitu aegrotantium ex mathematica, fol. 7. — Nicolaus Cabasylas adversus usurarios, fol. 22. — De virtute et effi-
cientia stellarum, fol. 29. — De stylo Aristidis, fol. 39, in ejus ser-
monibus. — Narrationes diversae, fol. 45. — Apthonii [sic] rhetoris fa-
bulae, fol. 47. — Alexandri Aphrodisei de lapide magnetis, fol. 34,
sive excerptum ab ejus naturalium quaestionum lib. 2. — Aesopi fa-
bulae, fol. 51. — Ethimologia proprietatis, fol. 68. — Theodori Pro-
dromi tetrastica in sanctos, fol. 84. — Calliclis in S. Georgium, fol. 89.
— Severiani episcopi Gaballorum in apostolicum vaticinium de Christo dictum, quod in ipso habitat omnis plenitudo divinitatis incor-
poraliter, fol. 74. — Cleomedis Ciclica speculatio, fol. 125. — Dionisii

orbis descriptio cum commen., fol. 172 [?]. — **19** (103). Expositio in psalmos [1703].

20 (110). Procli Diadochi in Platonis primum Alcibiadem, fol. 1. – Gemini phaenomena, fol. 32. – Synesii philosophi ad Dioscorum in librum Democriti et in scholiis, fol. 71. – Thucydidis *Dionysii Alicarnassei* descriptio discordiae Corcirensium, fol. 78. – Nicephorus Gregoras | *Cabasilas* demonstratio de Paschate, fol. 116. – Nicolai V romani Pont. Max. epistola ad Constantinum Romanorum imperatorem translata a Theodoro Haza [*sic*], fol. 126. – Cardin. Bessarionis epistola catholica ad Graecos, fol. 128. – Libanii sophistae oratio in Julianum et alia, fol. 133 [1704]. — **21** (101). S. Joannis Chrysostomi epistolae diversae, fol. [1705]. — **22** (102). S. Joannis Chrysostomi epistolae [1706]. — **23** (106). Euthimi Zygabeni dogmatica panoplia [1707]. — **24** (117). Ethimologia | *seu dictionnarium* [1708]. — **25** (116). Euclidis elementa ex Theone, fol. 1. – Hypsiclis ad Euclidem pertinens, fol. 193. – Nicomachi Gerasymi [*sic*] Pythagorici arithmeticae introductio, fol. 203 [1709]. — **26** (104). Paraphrasis incogniti in Homeri Iliadem [1710]. — **27** (40). Gregorii archiepiscopi Tessalonicensis contra Barlaam de incarnatione, deitate, expositio in sancta sanctorum, fol. 1. – Gregorii Nazianzeni oratio de iis qui sancte et quiete vivunt, fol. 2 [1711]. — **28** (119). Expositio in cantus et troparia seu modularia [1712]. — **29** (42). Orationis utilitate [*sic*], fol. 1. – Maximus monachus de charitate centuriae quatuor cum diversis sermonibus, fol. 92. | *non reperio.* – Leonis sapientis imperatoris oracula de Bizantio, fol. 61. – Maximus Planudes refutatio trium capitum quae edidit, fol. 77. | *Non adest et liber finit fol. 68* [1713].

30 (26). S. Pauli epistolae quatuor ad Corinthios et Romanos [*sic*], fol. 1. – Epistolae 1....., fol. 31. – Judae apostoli epistolae, fol. 8. – Argumentum epistolae ad Romanos, fol. 13. – Joannis Apost. epistola secunda et 3ᵃ, fol. 18. – Jacobi apostoli epistola, fol. 24. – Petri apostoli epistola prima, fol. 39 [1714]. — **31** (27). Manilii astronomicon [1715]. — **32** (41). Georgii Metochitae de processione Spiritus Sancti, fol. 1. – Maximi monachi Planudes Confutatio trium

capitum, fol. 77 [1716]. — **33** (28). Barlaam monachus de processione Spiritus Sancti orationes [1717]. — **34** (34). Joannis Zonarae
epistolae [1718]. — **35** (35). S. Athanasii interrogatio et responsio
de fide, fol. 1. – Joannis diaconi Pediasini introductio in arithme-
ticam et musicam, fol. 1. – Doctrina sanctorum Patrum seu de fide,
fol. 35. – S. Athanasii archiepiscopi Alexandrini in 6 psalmum,
fol. 44. – Nicephorus archiepiscopus Constantinopolitanus differentia
imaginis Christi et Crucis in decem demonstrationibus syllogismorum
modis, fol. 61. – Eiusdem syntagma de exercitatione, fol. 63. – Gregorii Nysseni de die et nocte, fol. 67. – S. Joannis Crysostomi in
evangelium et in ascensionem Domini, fol. 67. – S. Cyrilli Alexandrini excerptum ex oratione ad Alexandrinos et alia fragmenta, fol.
68. – S. Epiphanii de duodecim lapidibus, fol. 47. – Phlabiani episcopi
Constantinopolitani epistola ad Leonem archiepiscopum Romae cum
epistola ejusdem Leonis ad eumdem Phlabianum e contrario scripta,
fol. 50. – Eclogae diversae Veteris Testamenti de S. Trinitate et Incarnatione, fol. 78 [1719]. — **36** (30). Bessarionis cardinalis monodia
in Cleopam Paleologam, fol. 5. – Demetrii Pepagomeni monodia seu
epicedium in eandem reginam, fol. 6. – Michael Apostolus Bisantius
sepulchralis in divinissimum Bessarionem, fol. 13. – Georgii Trape-
zuntii de veritate christianae fidei, fol. 19. – Item Antireticus, fol. 63.
– Theodori Gazae quod natura non recipit consilium, fol. 62. –
Georgii Gemisti epicedium in imperatricem Cleopam Paleologam,
fol. 98 [1720]. — **37** (31). Gregorii Nisseni quaestio de anima,
fol. 1. – Maximus Planudes comparatio hyemis et veris cum epistola, fol. 33 [1721]. — **38** (53). Photii archiepiscopi Constantinopolitani ex epistola ad Michaelem principem Bulgariae, fol. 1. –
Circularis epistola ad orientis archiepiscopales thronos, Alexandriae
inquam et reliquorum, in qua circa quorumdam capitum solutionem
laborat et quod non debet dici ex Patre et Filio Spiritum Sanctum
procedere, sed ex Patre solum, fol. 40. – Ciriaci Strozzae de fa-
cultate sensitiva, fol. 314 [1722]. — **39** (29). Theodoreti episcopi
Cyri de historia SS. Patrum [1723].

    40 (86). S. Joannis Damasceni historia de Barlaam et Josaphat,

fol. 1. – S. Joannis Chrysostomi de pseudoprophetis et pseudoma-
gistris et impiis haereticis et de signis consummationis saeculi huius
ipso sancto peregrinante, fol. 161. – Barlaam monachi contra Latinos, fol. 191. – Leonis sapientis imperatoris de virtutibus agri-
colturae et monastica gubernatione, fol. 216 [1724]. — **41** (38).
Pappi Alexandrini mechanica [1725]. — **42** (37). Gregorii Nisseni
expositio in beatitudines [1726]. — **43** (32). *De musica, fol. 1.* Gre-
gentis archiepiscopi Tephrorum concertatio cum Herba judaeo,
fol. 34 [1727]. — **44** (43). Meletii misericordia Dei papae et patriarchae magnae urbis de vita christiana sermones sex [1728]. —
45 (44). Gregorii Nysseni expositio in Pater Noster. Catechesi.
Quomodo disserendum est cum ethnicis et judaeis. De sancto
baptismate, fol. 1. – Symeonis recentis theologi de transmuta-
tione animae et corporis, quae ex aere, ex alimentis et ex spiri-
tibus succedunt nobis, fol. 71. – Triphonii sophistae rhetorica, fol. 82.
– Theodosii grammatici Alexandrini de prosodiis, fol. 98 [1729].
— **46** (48). Aristotelis physica (1730]. — **47** (49). Origenes philocalia
seu eclogae, fol. 1. – S. Joannis Damasceni isagoge dogmatica ad
Joannem Laodicensem episcopum, fol. 160. – Joannis Cassiani de
septem cogitationibus malitiae, fol. 137 [1731]. — **48** (50). Nicolaus
Carchocondilus [sic] historia unde inceperint primates Turcarum, et
actiones eorum, et facinora usque ad facinora magni principis Me-
chetmpi Laonici demonstratio [1732]. — **49** (51). Perspicax traditio
rhetoricae, fol. 1. – Definitiones theologicae incerti, fol. 9. – Mathei
Macarioti rhetorices epitome ex Hermogene, fol. 22. – Herodianus
de figuris, fol. 57. – Epitome in rhetoricas proginasmata, fol. 53.
– Boetii philosophi de dialectica, fol. 72. – De figuris quarum Her-
mogenes mentionem fecit in libris de inventione et de ideis, fol. 73.
– Platonis definitiones, fol. 96. — Aphothegmata [sic] rhetorum de
natura rerum, fol. 103. – De epistolis et metris incerti, fol. 143. –
Septem sapientum hortamenta, fol. 195. – Proculi [sic] philosophi de
placitis philosophorum, fol. 127. – Copia epistolarum et stylo [sic],
fol. 202. – Quomodo oporteat scribere Constantinopolitanum patriarcham Papae et caeteris patriarchis, metropolitis et archiepi-

scepis, fol. 217. – Plutarchi Cheronensis de placitis philosophorum, naturalium dogmatum epitomes libri quinque, fol. 225 [1733].

50 (52). Ex epistolis B. Isidori Pelusiotae [1734]. — **51** (50). Michael Glyca admodum honorando monacho Nilo, an oporteat audire dicentes quod post figuratur. embryonem rationalis anima recipi solet, fol. 1. – Ejusd. de animarum instauratione, fol. 3. – Ejusd. de corde, fol. 5. – Ejusd. de edentibus magno sabatho, fol. 5. – Michael Psellus doctrina de decem categoriis et propositionibus et syllogismis, fol. 9. – Aptonii [sic] sophistae proginasmata, fol. 37. – Nicephorus monastus [sic] de scientia logica necnon de physica auscultatione, fol. 57. – Photii philosophi ex Amphilochio cap. 38, fol. 200. – Theodori Abucarae episcopi Carensis de nomine Dei, fol. 200. – Joannis Itali orationes diversae et quomodo Porphyrius quinque voces tantum, Aristoteles decem dixerit, fol. 207. – Studiosi cujusdam epitome in organi inquisitionem, fol. 211. – Aristoteles de interpretatione, fol. 221. – Georgii Pachymerae de principiis rerum, fol. 238. – Nicephori monastae editio de physica auscultatione, fol. 240. – Photii philosophi ad Amphilochium de substantia, fol. 347 [1735]. — **52** (53). Basilii episcopi Seleuciensis orationes triginta quinque, fol. 1. – Ex Proclo in Platonis Cratilum, fol. 68. *Non invenio* [1736]. — **53** (45). Porphirii aditus ad intelligibilia, fol. 1. – Procli magni philosophi et platonici successoris deformatio theologica, fol. 15. – Ejusdem deformatio physica fol. 90. – | *Oceti Leucani de omni natura, fol. 108* [1737]. — **54** (46). Proculi [sic] philosophi in *Platonis* primum Alcibiadem declaratio [1738]. — **55** (118). Procli in Platonis theologiam, fol. 1. – *Theodorus lector eclogae ecclesiasticae historiae ex Nicephoro Calisto Xastoplo* [sic] *fol. 319* [1739]. — **56** (2). De accentibus. Prosodia [1740]. — **57** (1). Enarratio in evangelia [1741]. — **58** (3). Origenes Adamantii ad Celsi verum sermonem tomi 2 [1742]. — **59** (6). Andraeas Caesariensis in Apocalypsim [1743].

60 (4). Michael Psellus interpretatio in Domine Jesu Christi [sic] Deus noster miserere nostri, fol. 1. – De multiplicatione, fol. 1. – S. Basilii magni de Spiritu Sancto et contra Eunomium, fol. 88

[1744]. — **61** (5). Subitaria opera grammaticalia, fol. 1. – Phocididis poetae praecepta, fol. 20. – *Agabitus diaconus, fol. 63.* – Isocratis exortatoria ad Daemonicam, fol. 151. – Michaelis presbyteri et Syngeli [*sic*] apostolici throni Hierosolymitani methodus de verbi constructione ex tempore composita Edesae Mesopotamiae rogatu Lazari diaconi et philosophi, fol. 159. – Euripidis vita, fol. 197 [1745]. — **62** (7). Martyrium Sae. Parascevae, fol. 5. – De sacerrimo symbolo verae et unicae Christianorum fidei, fol. 9. – Maximus monachus sermo monasticus per interrogationem et responsionem, fol. 28. – Nili Monachi epistolae diversae, fol. 181. – Basilii Caesariensis canon de asciethica [*sic*], fol. 117. – Marci sermo allegoricus ad ejus animam, fol. 163. – Joannis Cassiani abbatis descriptio canonum coenobiorum Aegypti, fol. 179. – Ejusdem de septem cogitationibus malitiae, fol. 187. – Gregorii junioris theologi de quiete, fol. 201. – S. Athanasii archiepiscopi Alexandrini synopsis de sancta Trinitate, fol. 218. – Isaci epistola ad quendam fratrem amantem quietem, fol. 250. [1746]. — **63** (8). Enarratio in psalmos seu psalterium Davidis cum explicatione diversorum et antiquorum Patrum Athanasii, Basilii et aliorum [1747]. — **64** (9). Simeonis Besti Seth [*sic*] conspectio et decerptio naturalium et philosophicorum uogmatum, fol. 1. – Richardi inter ordinem apud Latinos fratrum vocatorum Praedicatorum numerati refutatio a scelesto Mahumetto Saracenis legis impositae ex italico idiomate translata in graecum per Demetrium Cydonium, fol. 57 [1748]. — **65** (10). Gennadius Scholarius patriarcha Constantinopolitanus contra Latinos, fol. 1. – Tabula paschalis annorum 80, fol. 248. *Non invenio* [1749]. — **66** (19). Minaeum. *Non est impressum.* Maximus monachus definitiones diversae, fol. 1. – Annonii sive Annomaei arrianistae oppositiones contra orthodoxos, fol. 3. – Maximus monachus quid reliquum animae judicium, fol. 75. – Jo. Archiepiscopi collectio dogmatum compendiosa, fol. 93. – S. Augustini excerpta ex soliloquiis, fol. 99. – Danielis prophetae visio, fol. 100 [1750]. — **67** (20). Grammatica practica, theorica collecta ex Herodiano, Theodosio et aliis, fol. 1. Erodianus in fine. – Michaelis

presbyteri methodus de verbi constructione, fol. 65 [1751]. —
68 (17). S. Joannis Damasceni christiana philosophia ad Cosmam
[1752]. — **69** (21). Joannis Chrysostomi oratio enchomiastica in
apostolum Petrum et Paulum, fol. 11. - Incertus de alimentis ex
animalibus et herbis, fol. 17. - Symeonis archiepiscopi Tessalonicensis responsio ad quaesita sacratissimi metropolitae quinque urbium D. Gabrielis, fol. 113. - Sophronii patriarchae Hierosolymitani expositio de fide ortodoxa, sanctaeque ac vivificae Trinitatis
et alia multa, fol. 225. - Gregorii Nazianzeni sermo de filio Dei,
fol. 231. - *Maximi confessoris capita in theologiam, fol. 232* [1753].

70 (22). Joannis abbatis *Raithenus cognom. Climacus* Synaïtae
epistola et orationes 30 cum imáginibus [1754]. — **71** (23). Nicetae ex Serris explicatio in sermones Gregorii theologi, fol. 1. -
Pauli Tebani, Marciani presbiteri, Theodoxii coenobiarchae vitae
incerti. *Non adsunt* [1755]. — **72** (97). Cardinalis Bessarionis de
unione, de processione Spiritus Sancti et alia, fol. 1. - Joannis Becci
patriarchae Constantinopolitani de processione Spiritus Sancti contra Palamam, fol. 62. - Joannis Tzetzae epistolae ad Alexium, fol. 92.
- Juliani imperatoris epistola ad Basilium magnum, fol. 93. - S. Basilii magni epistola ad Julianum, fol. 94. - Gregorii Nazianzeni epistolae, fol. 95. - Lexicon faciendi aurum, fol. 108. - Theodori Gazae
epistolae ad fratres existentes Constantinopoli, fol. 145. - Phetonis
excerpta ex animalium historia, fol. 129. - Barlaam monachus a Pto-
lomaeo de solari eclypsi methodus et de arithmetica et alia, fol. 148.-
Ejusdem epistolae ad Palamam et Nilum, fol. 309, *279.* - Nicephorus Gregoras narratio de disputatione quam fecerant ad Palamon
coram imperatore D. Joanne Paleologo, fol. 246. - Theophanes de
deitate, fol. 231. - Phatrase protostatorii [*sic*] brevis pro viribus
enarratio disceptationes D. Gregorii Thessalonicensis et Gregorae
philosophi habitae in palatio coram imperatore praesente et per
se audiente, fol. 265. - Constantini monachi Hagioritae de men-
daciis et impietate Gregórae, fol. 269. - Demetrii Cidonii de processione Sancti Spiritus contra Cabassilam, fol. 307. - Ejusdem ad
quendam amicum de eadem processione, fol. 347. - Josephi ex-

cerptum éx oratione de mundi substantia, fol. 350 [1756]. — **73** (24). Nili sanctissimi et beati Archiepiscopi Tessalonicensis Cabasylae sermo demonstrans quomodo abalienationis latinae ecclesia a nobis usque ad praesens causa fuerit nil aliud nisi quod pontifex noluerit generali synodo dubii explorationem tradere, sed se ipsum solum magistrum quaestionis voluerit constituere, caeteros vero loco discipulorum obedientes habere, et quod hoc tale alienum ab apostolicis constitutionibus et actionibus sit [1757]. — **74** (25). Oppianus de arte piscatoria libri quinque [1758]. — **75** (98). Gregorii Nysseni orationes, fol. 1. – Expositio de astrolabio, fol. 63. – Discendi Cupidus sive de conviciatoribus, fol. 67. – Nicephorus Blemida sermo de anima, fol. 81. – Ejusdem demonstratio de Paschate, fol. 116. – Chronica compendiosa sermone barbaro, fol. 92. – Marcus episcopus Ephesinus ubique terrarum et insularum ortodoxis Christianis contra latinos, fol. 143. – Antiqui versus et inscriptiones, fol. 134. – Simeonis magistri historia de maximo et nimis pulcherrimo templo Dei Verbi sapientiae, fol. 133. – Gennadius patriarca Constantinopolitanus de fide christianorum ad Agarenos, fol. 107. — Georgius Themistius in scholarium contra Aristotelem, fol. 151. – Petri philosophi Mazunatae astrologia, fol. 203. – Ejusdem de Paschate, fol. 223. – Theophrasti de historia plantarum, fol. 246. – Ejusdem epistolae, fol. 261. – Macarii monachi commentarius de ortodoxa fide libri 18, fol. 226. – Mitridati compositio, fol. 239. – De structura hominis, fol. 234. – Hymni in Venerem, Lyciam [sic], Musas, solem, Minervam et somnum, fol. 291. – Diversorum philosophorum narratio de diversis rebus, fol. 307. – Joannis Tzetzae allegoriae in Homeri Iliadem. fol. 345 [1759]. — **76** (96). Expositio in Homerum, fol. 1. – Grammatica speculativa, fol. 163 [1760]. — **77** (104). Actuum apostolorum prologus. – Catholicae epistolae, fol. 124. – S. Petri epistolae duae, fol. 187. – Joannis apostoli epistolae tres, fol. 158. – Judae apostoli epistola, fol. 174. – Euthalii diaconi de peregrinatione et martyrio S. Pauli apostoli, fol. 177. – S. Pauli apostoli epistolae omnes cum proemiis et argumentis, fol. 207 [1761]. — **78** (79). Symeonis archiepiscopi Tessalonicensis ecclesiasticus dialogus in Christo contra omnes haereses et de sola fide Salvatoris nostri, et sacrarum caeremoniarum et misteriorum omnium ecclesiae, nihil sui proprium possidens, sed ex sanctis Litteris et Patribus collectus et compositus pro viribus excusationem dans unicuique secundum tempora interrogantium [1762]. — **30** (55). Dexippi philosophi Platonici in Aristotelis praedicamenta, fol. 2. — Michaelis Pselli epistola ad sanctissimum patriarcham Xiphilinum de auri factura, fol. 37. — Olympiodori philosophi in Platonis Philebum, fol. 45. — Proculi [*sic*] christianae doctrinae grammaticae delectus, fol. 69 [1763].

60 (54). Theodoreti episcopi Cypri [*sic*] enarratio in 12 prophetas, fol. 1. — Gregorii Nazianzeni oratio de propria vita, fol. 62. — *Jo.* [sic] *archiepiscopi Nisseni, fol. 91. — Traeni Hieremiae, fol. 118. — Olympiodori.* Commentarium in beatum et justum Job, fol. 124 [1764]. — **61** (56). Damasci Successoris quaestiones et resolutiones de primis principiis [1765]. — **62** (60). Joannis *Leonis* Sapientis orationes variae, fol. 1. — Gregorii Nysseni interpretatio in inscriptiones Psalmorum, fol. 68. — Jo. Grammatici Alexandrini praecepta musicalia, fol. 142 [1766]. — **63** (63). Leonis Magistri patritii expositio in novum et vetus testamentum ex variis patribus collecta, fol. 1. — Ermia philosophi illusio externorum sapientum, fol. 161. — Maximus monachus de diversis dubiis sacrae scripturae ad Thessalium sanctissimum presbyterum et abbatem, fol. 168 [1767]. — **64** (57). Caesarii fratris Gregorii Nazianzeni quaestiones, fol. 4. — Joannis diaconi magnae ecclesiae, quis fuerit finis Deo in prima et secunda creatione, seu redemptione et de secundo Adamo, fol. 148 [1768]. — **65** (65). Nicetae interpretatio evangelii secundum Matthaeum elaborate collecta ex pluribus maxime ab explicatione S. P. N. Joannis Chrysostomi, nec non a diversis aliis Patribus compacta, et ab eo qui ipsam colligit sunt capita octo et 60, fol. 1. — Ejusdem in Lucam, fol. 129. — Ejusdem in S. Marci evangelium, fol. 191. — Ejusdem in S. Joannem, fol. 317 [1769]. — **66** (59). Michael Ephesius in sophisticos elenchos Aristotelis, fol. 1. — Olympiodori magni philosophi commentaria in Platonis Gorgiam, fol. 113. — Expositio in proverbia Salomonis, fol. 153. — Christodoli monachi contra Hebreos, fol. 230 [1770]. — **57** (58). Atheneus de machinis, fol. 1. — Bitonis constructiones organorum seu machinarum bellicarum, fol. 8. — Heronis compositio chirobalistae fol. 15. — Apollodori polyorchetica de obsidione urbium, fol. 31. — Julii Africani bellica, fol. 91 [1771]. — **58** (61). Aristidae Quintiliani de musica libri tres, fol. 1. — Manuelis Briennii armonicorum libri 61, fol. 56. — Bacchii senioris de isagoge in musicam, fol. 163. — Nicomachi Gerosyni [*sic*] Pithagorei harmonicorum manuale editum ex abrupto secundum antiquum, fol. 166 [1772]. — **59** (62). Gregorii Nysseni epistola ad Petrum fratrem et ejusdem Petri apologia et orationes tres contra Eunomium, fol. 1. — Hesichii presbiteri Hierosolymitani collectio quaestionum et solutionum ex evangelica concordia, fol. 261. — Isaaci Sebastocratoris decem quaestiones de Providentia, fol. 279 [1773].

60 (64). Traditio reipublicae optimae et admonitio SS. Patrum in progressum perfectum monasticum liber appellatus novus paradisus, fol. 1. — Maximus monachus sermo de tolerantia, patientia, malitia, veritate, obedientia, mendacio, continentia, iracundia, secundo adventu D. N. Jesu Christi, fol. 50. — Joannis Clymaci de paupertate et mortificatione animae et alia, orationes diversae animae utiles, fol. 74. — Theodori episcopi Edesseni capita 100 utilia animae, fol. 89. — Ex sancti Basilii magni ecloga de variis ad animam pertinentibus, fol. 76. — Ephraem Syri sermo de charitate et poenitentia, fol. 135. — Hippoliti martyris de consummatione mundi et antichristi, fol. 143. — S. Jo. Damasceni de iis qui in fide obdormierunt, fol. 161. — Basilii episcopi Caesariensis de jejunio, fol. 200. — S. Joannis Chrysostomi sermo in Zachaeum publicanum, fol. 216. — In adorationem venerandae et salutiferae crucis, fol. 225. — In dominica quarta jejuniorum, fol. 231. — De poenitentia, fol. 236. — Sermo de vivere secundum Deum et interpretatio orationis, scilicet in Pater Noster, fol. 244. — In dictum prophetae Daniel quod ait: Ne timeas quando fit dives homo, et de hospitalitate, fol. 252. — Sermo de poenitentia et in austeritatem regis Achab, in Jonam

prophetam, fol. 280. – In quatriduanum Lazarum, fol. 286. – In psalmos sermo panegyricus, fol. 289. – Homilia in Job, fol. 294. – In exilium Adam et de improbis foeminis, fol. 182. – Epistola ad quemdam rectorem ipsum petentem ut ab eo mittantur ad illum canones spiritualis doctrinae in utile ipsius et post ipsum fratrum, fol. 67. – Sermo in Zachaeum publicanum, fol. 101. – Sermo quando episcopi mittebantur ab Oriente in Chananeam, fol. 104. – De publicano et pharisaeo, fol. 113. – In prodigum filium, fol. 119. – De eleemosyna, fol. 303. – In meretricem quae unxit Dominum nostrum Jesum Christum myrra in domo pharisaei, fol. 310. – In proditionem Judae et in traditionem sacrorum sacramentorum et de non reminisci injuriae, fol. 319. – Nicephori monasti et presbiteri in Emathiis monasterii Blemmidi epistola generalissima et ad multos quando domina Marcellina valde dilecta imperatori et ideo omnium praestantissima, et ipsius Augustae principatum tenens tyrannice irrupit ad nostram venerandam aedem S. Gregorii Thaumaturgi in illa aede tunc temporis nobis versantibus, ingressa est autem et in templum Dei ut perageret quae ad sacrum pertinent, et exclusa fuit a nobis a sacra lectione, et expulsa fuit cum dedecore, conquesta de eo quod contra ipsam actum fuit, et sermo moralis qui missus fuit ad imperatorem imperatorius appellatus archianus [sic], fol. 119. – Anastasii Antiocheni oratio in fratres qui in Christo dormierunt fol. 155. – Nectarii archiepiscopi Constantinopolitani narratio qua de causa primo sabbatho jejuniorum celebramus memoriam per frumenta cocta sancti magni martyris Theodori tironis et de eleemosyna et jejunio, fol. 208. – Dorothei homilia in illud : venit Jesus in Caparnaum [sic], fol. 220. – S. Joannis Chrysostomi orationes et homiliae, fol. 216. – Sophronii patriarchae Hierosolymitani vita et educatio Sanctae Mariae Aegyptiacae, fol. 263. – Ennei Judaei narratio de passione Domini, fol. 326. – S. Epiphanii Cypri sermo in sepulturam Domini, fol. 342. – Gregorii Nazianzeni in S. Pascha et in tarditatem, fol. 353 [1774]. —
91 (66). Georgii Pachymerae historia [1775]. — 92 (67). Joannis Diaconi Pediassini de dimensione terrae, fol. 1. – Scholia in quar-

tum et quintum Aristotelis post naturalia et finis libri 30 [*sic*], fol. 3:. – Eusebii Pamphili in Constantinum magnum laudes, fol. 95 [1776]. — **93** (74). Scholarii declaratio in Porphyrii introductionem, fol. 1. – Ejusdem in categorias Aristotelis, fol. 30. – Ejusdem in Ammonium et in librum de interpretatione Aristotelis, fol. 77. – Excerpta ex Philopono, fol. 28 [1777]. — **94** (69). Maximus monachus definitiones diversae, fol. 25. – Ejusdem sermo brevis contra Seberi dogmata Benedicto domino Petro Illustrio, fol. 86 [1778]. — **95** (68). Pirri et Maximi confessoris disceptatio de rectis, fol. 1. *Non invenic.* – Ammonii scholia in metaphysicam Aristotelis, seu Asclepii scholia collecta ex Ammonio, fol. 1 [1779]. — **96** (70). Gregorii Nazianzeni epistolae, fol. 1. – Nicolai archiepiscopi Constantinopolitani epistolae, fol. 83 [1780]. — **97** (71). Sancti Jo. Chrysostomi *De incomprehenso* sermones varii [1781]. — **98** (75). Symonis recentis theologi sermones theologici tres, fol. 1. – Particularis quaedam physiologia de mundi creatione et formatione Adami, fol. 17. – De transgressione et exilio Adam, fol. 20. – Sermo exhortatorius ex praefationibus ad poenitentiam et in dictum Apostoli: Quos praescivi hos et praedestinavi, et in reliqua, et contra depravantes hoc ipsum et divinam omnem scripturam, fol. 46. – In dictum Apostoli in quo dicit: Et vidi et ad tertium coelum raptum audientem arcana verba, quae non decet homini audire et quae sequuntur, fol. 61. – Aequanimitate [*sic*] et de muneribus per progressum, et donis et quae perfectio secundum Christum spiritualis aetatis, fol. 72. – Contra putantes ignotum sibi esse Spiritum Sanctum, neg. omnino inimicos efficientiae ipsius, et de dicentibus neminem posse ex hominibus secundum praesentem vitam videre gloriam ejus, et demonstratio per usus, fol. 87. – De impassibilitate et praeclara vita, fol. 95. – De servientibus Deo qui quid essent et qualis et quando, ubi, fol. 103. – De charitate et fide, et quomodo quis plenus sit Dei charitate, et de claritate et contemplatione lucis, et mysticae conversationis Spiritus, fol. 119. – De cognitione vera, et quod Dei agnitio non ex disciplinis, fol. 116. – De tremendo Domini die et futuro judicio, fol. 125. – De vivifica morte Jesu, fol. 140. – In dictum Apostoli dicentis: Redimentes tempus, fol. 152. – In dictum Apostoli dicentis: Primus homo ex terra terrenus, secundus homo e caelo, fol. 155. – De festis et qua ratione oportet celebrare et quorum signa quae perficiuntur [sic], fol. 160. – De silentio, fol. 165. – Confessione, fol. 168. – Gratiarum actio ad Deum pro omnibus quae dignatus est facere beneficiis, et adhortatio, fol. 174. – Sermo monasticus multipartitus moralis, fol. 179. – Capita practica et theologica, fol. 188. – Poenitentia, fol. 206. – Eusebii oratio de Comestione, fol. 235. – Nicetae monachi et presbiteri de divinis amoribus capita 53, fol. 243. – Ejusdem mansiones studiorum Stithatae [sic] in librum divinorum Canticorum S. P. N. Symonis, fol. 236. – S. Basilii magni carmina, fol. 373 [1782]. — **99** (72). Procopii christiani sophistae epitome in prophetam Isaiam diversarum objectarum explicationum, fol. 1. – S. Jo. Chrysostomi homiliae 30 in S. Joannem, fol. 123 [1783].

100 (73). Joannis Scylitzae de mundo epistolae et orationes variae et alia [1784]. — **101** (76). S. Joannis Chrysostomi homiliae et orationes variae [1785]. — **102** (77). Theonis Smirnaei platonici de mathematicis disciplinis, fol. 1. – Theodosii de habitationibus et alia astronomica, fol. 39 [1786]. — **103** (90). Amphilochii episcopi Iconiensis in mulierem peccatricem id est Magdalenam | *non invento*, fol. 39. – Dionysii Areopagitae de divinis nominibus, fol. 14. – Item de coelesti hierarchia, de ecclesiastica hierarchia, de mystica theologia epistolae decem, fol. 125. | *Hoc volumen* (1) *scholiis marginalibus Dionysii Alexandrini auctum Theodorae reginae jussu elegantibus characterum formis exaratum Bibliot. Vaticanae don. Aloysius Lollinus Bellunensis an. 1625* [1787]. — **104** (120). S. Jo. Chrysostomus homiliae de eversione statuarum [1788]. — **105** (92). Eusebii Pamphili et aliorum expositio in psalmos [1789]. — **106** (91). Martyrium magni martyris Polieucti, fol. 14. – Nili monachi in interfectione in Sina et Raytho SS. Patrum, fol. 99. –

(1) Ce beau volume a été déplacé et porte aujourd'hui le n° 2279 du fonds grec. Les scholies ne sont point de Denys d'Alexandrie, mais de S. Maxime.

Ejusdem vita et educatio S. P. N. Joannis pro Christo pauperis, fol. 138. – Commentarium in S. Apostolum Christi Petrum, fol. 152. – Vita et educatio S. P. N. Antonii conscripta et missa ad in Zena monachos a S. P. N. Athanasio archiepiscopo Alexandrino, fol. 169. – Vita et educatio magni Athanasii archiepiscopi Alexandrini, fol. 213 [1790]. — **107** (82). Damasceni successoris quaestiones et solutiones in Platonis Parmenidem contra Aristotelem [1791]. — **108** (84). Gregorii Nazianzeni orationes variae [1792]. — **109** (81). Declaratio incerti in psalmos Davidis [1793].

110 (84). Theodori [*sic*] episcopi Cyri in 12 prophetas minores [1794]. — **111** (78). S. Basilii magni homiliae septem in psalmos et alia | *Non inveni nomen* [1795]. — **112** (83). S. Joannis Chrysostomi orationes variae, fol. 1. – Parmenides, seu de idaeis et ab una usque ad nonam hypothesim, fol. 31 | *Non invenio* [1796]. — **113** (85). S. Joannis Chrysostomi de virginitate, fol. 3 et 21. – Gregorii Nysseni epistola de virginitate, fol. 119 [1797]. — **114** (86). Vitae variorum martyrum. SS. Acepsinae, fol. 1. – Josephi, fol. 7. – Aithalae, fol. 7. – Joannicii, fol. 19. – Galactionis, fol. 50. – Epistemes, fol. 50. – Pauli confessoris archiepiscopi Constantinopol. fol. 59. – Hieronis et cum ipso SS. Meletine certantium, fol. 65. Vita educatio et exercitatio Sanctae Matronae, fol. 71. – Magni martyris Maenae Aegipti, fol. 99. – S. Jo. archiepiscopi Alexandriae eleemosynarii, fol. 105. – Chrysostomi, fol. 142. – Monumentum in S. Apostolum Philippum, fol. 234. – SS. Confessorum Samoneae, Gioriae [*sic*], Abibi, fol. 239. – Acta sanctae et generalis synodi Constantinopolitanae, fol. 184 [1798]. — **115** (87). Proculi [*sic*] philosophi de septem libris Platonis ad Parmenidem [1799]. — **116** (88). Porphirius in Armoniam Ptolomei, fol. 1. — Joannis diaconi Pediassini de dimensione terrae, fol. 120. – Manuelis Briennii armonicorum libri tres, fol. 146 [1800]. — **117** (89). Clemens Romanus de peregrinatione S. Petri, fol. 68. – Martyrium SS. Clementis, Petri, Mercurii, Jacobi, Persae, S. Andreae, vitae SS. Alippii et Stephani, fol. 110 [1801]. — **118** (93). Gregorii Nazianzeni in proverbia Salomonis et de annuntiatione, fol. 1 et 90 | *Vide an sit*

Gregorii Neocesariensis. — Gregorii Nysseni expositio in Ecclesia-
stem | *fol. 190* et cantica canticorum fol. 187. — Michael Psellus
declaratio per versus politicos in cantica canticorum, fol. 312. —
S. Jo. Damasceni oratio in mortuos, fol. 322. — S. Jo. Chrysostomi
oratio de eleemosyna, fol. 326 [1802]. — **119** (94). S. Jo. Chrysostomi de sacerdotio libri 6 et alia [1803].

    120 (121). Photii Amphylochiae seu quaestiones [?]. — **121** (79).
Nili monachi in interfectionem in Syna et Raytho sanctorum Patrum et in Theodolum filium ejus, fol. 1. — Ejusdem vita et educatio S. P. N. Joannis pro Christo pauperis, fol. 30. — Ejusdem
sermo in adorationem venerandae cathenae Sancti et choriphaei
apostolorum Petri, fol. 41. — S. Athanasii archiepiscopi Alexandrini vita s. Antonii, fol. 57 [1806].

CONCORDANCE DES NUMÉROS VATICANS ACTUELS
ET DES NUMÉROS DE L'INVENTAIRE LOLLINO.

1683	= Lollino	1	1704	= Lollino	20	1723	= Lollino	39
1685	= »	2	1705	= »	21	1724	= »	40
1686	= »	3	1706	= »	22	1725	= »	41
1687	= »	4	1707	= »	23	1726	= »	42
1689	= »	5	1708	= »	24	1727	= »	43
1690	= »	6	1709	= »	25	1728	= »	44
1691	= »	7	1710	= »	26	1729	= »	45
1692	= »	8	1711	= »	27	1730	= »	46
1693	= »	9	1712	= »	28	1731	= »	47
1694	= »	10	1713	= »	29	1732	= »	48
1695	= »	11	1714	= »	30	1733	= »	49
1696	= »	12	1715	= »	31	1734	= »	50
1697	= »	13	1716	= »	32	1735	= »	51
1698	= »	14	1717	= »	33	1736	= »	52
1699	= »	15	1718	= »	34	1737	= »	53
1700	= »	16	1719	= »	35	1738	= »	54
1701	= »	17	1720	= »	36	1739	= »	55
1702	= »	18	1721	= »	37	1740	= »	56
1703	= »	19	1722	= »	38	1741	= »	57

1742	=	Lóllino	58	1763	=	Lollino	79	1784	=	Lollino 100
1743	=	»	59	1764	=	»	80	1785	=	»	101
1744	=	»	60	1765	=	»	81	1786	=	»	102
1745	=	»	61	1766	=	»	82	1787	=	»	103
1746	=	»	62	1767	=	»	83	1788	=	»	104
1747	=	»	63	1768	=	»	84	1789	=	»	105
1748	=	»	64	1769	=	»	85	1790	=	»	106
1749	=	»	65	1770	=	»	86	1791	=	»	107
1750	=	»	66	1771	=	»	87	1792	=	»	108
1751	=	»	67	1772	=	»	88	1793	=	»	109
1752	=	»	68	1773	=	»	89	1794	=	»	110
1753	=	»	69	1774	=	»	90	1795	=	»	111
1754	=	»	70	1775	=	»	91	1796	=	»	112
1755	=	»	71	1776	=	»	92	1797	=	»	113
1756	=	»	72	1777	=	»	93	1798	=	»	114
1757	=	»	73	1778	=	»	94	1799	=	»	115
1758	=	»	74	1779	=	»	95	1800	=	»	116
1759	=	»	75	1780	=	»	96	1801	=	»	117
1760	=	»	76	1781	=	»	97	1802	=	»	118
1761	=	»	77	1782	=	»	98	1803	=	»	119
1762	=	»	78	1783	=	»	99	1804	=	»	121

www.ingramcontent.com/pod-product-compliance
Lightning Source LLC
Chambersburg PA
CBHW051411060726
47596CB00005B/2176